MW01536686

Hare Krishna Hare Krishna
Krishna Krishna Hare Hare
Hare Rama Hare Rama
Rama Rama Hare Hare

ॐॐॐ

Made in the USA
Las Vegas, NV
04 December 2023

82091710R10066